fauna en peligro

!

LA CIGÜEÑA

Elisenda Queralt
Albert Martínez
Joaquim Soler

Combel
EDITORIAL

LA DAMA DEL VIENTO

La cigüeña común es una de las aves más grandes que sobrevuelan nuestros campos, pueblos y ciudades. Su nombre científico es *Ciconia ciconia*.

Tiene una figura esbelta y muy elegante, con un pico rojizo, largo y puntiagudo, y un plumaje vistoso que le recubre todo el cuerpo salvo las patas, muy largas y delgadas.

La cigüeña es un pájaro muy fuerte y resistente. Entre otras habilidades, está dotada de una gran memoria, gracias a la cual puede emprender largos viajes y volver, año tras año, al mismo nido. Esto la ha convertido en un ave entrañable, símbolo de la buena suerte y, también, de la maternidad.

¡Soy un lince!

Una cigüeña puede llegar a vivir...

a) 10 años.
b) 60 años.
c) 30 años.

4

UN AVE MUDA

La cigüeña es un pájaro de grandes dimensiones. En pleno vuelo, con las alas bien desplegadas, puede llegar a medir 2,20 m de longitud, la misma que el águila dorada. Su peso varía entre los 2 y los 4 kg.

Distinguir un macho de una hembra no es tarea nada fácil, ya que la única diferencia es que el macho es ligeramente más grande que la hembra.

Una característica muy peculiar de las cigüeñas es el hecho de que son mudas, es decir, que no emiten ningún tipo de sonido o «canto», como hacen la mayoría de aves.

Observa

El cuerpo de las cigüeñas, como el de otros pájaros, tiene una temperatura estable de 41 °C. Con un termómetro, mide la temperatura de tu cuerpo y, a continuación, di cuál de las siguientes afirmaciones es correcta.

a) Las cigüeñas y las personas tenemos la misma temperatura.
b) El cuerpo de las personas está más caliente que el de las cigüeñas.
c) El cuerpo de las cigüeñas está más caliente que el de las personas.

5

UN VESTIDO DE GALA

¡Mira qué guapa!

6

Si observamos de cerca a una cigüeña adulta, veremos que su cuerpo es armonioso y estilizado. Pico, patas y plumaje cumplen una función concreta en su ciclo vital.

El **pico**, puntiagudo y rojizo, mide aproximadamente 20 cm de largo, lo que le permite coger la comida de dentro del agua. Es la parte del cuerpo que exhibe durante los bailes nupciales.

Las **patas**, largas y delgadas, del mismo color que el pico, ayudan a la cigüeña a desplazarse por las zonas pantanosas y a mantener el equilibrio en pleno vuelo.

El **plumaje** es su abrigo protector, ya que le ayuda a mantener estable la temperatura del cuerpo.

¡Parece mentira!

Las cigüeñas tienen una bolsa denominada **molleja**, donde acumulan la comida antes de que les llegue al estómago. En algunas cigüeñas africanas, como por ejemplo el marabú, dicha bolsa pende del cuello, y parece que lleven un curioso colgante de color rosa.

¡A COMER!

8

La cigüeña es principalmente **piscívora**, es decir, que come sobre todo **pescado**.

La encontraremos cerca de balsas, ríos y pantanales. A veces también busca alimento en campos de trigo y arboledas, donde caza otro tipo de presas, como por ejemplo ranas, sapos, insectos, reptiles, lombrices o pájaros pequeños. De vez en cuando también le gusta comer frutas y verduras.

¡Soy un lince!

Hay un habitante de los ríos y pantanos que de pequeño es un renacuajo y de adulto es uno de los platos preferidos de la cigüeña. ¿Cuál es?

a

La rana.

b

El lagarto.

c

La libélula.

10

HÁBITAT

Podemos encontrar cigüeñas comunes al sur y al oeste de la península ibérica, y en la costa norte de África: en Túnez, Marruecos y Argelia.

Estas aves pasan el invierno en África y, en el mes de febrero, empiezan a llegar a Europa, donde se las puede ver hasta el otoño.

En nuestro país, podremos ver cigüeñas cerca de prados inundados y en zonas pantanosas. Les gustan los espacios abiertos, como los campos de trigo, y las arboledas.

La mejor época del año para observar cigüeñas es durante la primera mitad del mes de febrero y hasta los últimos días de agosto.

Observa

¿En cuál de estos hábitats no encontraremos cigüeñas?

UNA PAREJA EJEMPLAR

Las cigüeñas viven toda la vida con la misma pareja. Asimismo, son unas aves modélicas, ya que comparten buena parte de las tareas domésticas, como construir el nido, cuidar de las crías, encargarse de la alimentación de los polluelos o limpiar el nido. ¡No puede negarse que son unos pájaros ejemplares!

12

A pesar de que las cigüeñas son pájaros silenciosos, hay una época del año en la que el instinto hace que encuentren un mecanismo para comunicarse con otras cigüeñas: ¡es el momento del cortejo!

Este peculiar juego consiste en producir con el pico un sonido parecido al de unas castañuelas. Este sonido se llama **crotoreo**.

¡Parece mentira!

Durante el crotoreo, el macho retuerce el cuello tan hacia atrás que parece que se le va a romper.

14

¡VAYA NIDO!

A las cigüeñas les gusta anidar cerca de otras parejas. Por eso, no construirán nunca el nido de forma aislada, sino que formarán una pequeña colonia.

Los nidos, muy grandes y resistentes, están hechos de materiales diversos, principalmente ramas, palos, yerba, pedazos de ropa y papel.

Durante siglos, las cigüeñas han aprovechado estructuras hechas por el hombre para construir sus nidos. Por eso podemos encontrar nidos en tejados, torres, campanarios, chimeneas, postes de teléfono, etc. También pueden verse en los árboles y en los acantilados.

¡Soy un lince!

En los nidos de las cigüeñas también crían otros pájaros. ¿Sabrías decir cuáles?

a) Los búhos.
b) Los gorriones.
c) Los halcones.

LOS POLLUELOS

La cigüeña suele poner de 3 a 5 huevos, un poco más grandes que los de gallina.

Durante más de 30 días, macho y hembra se reparten la tarea de echarse sobre los huevos para incubarlos con su calor.

Al nacer, los polluelos están totalmente indefensos: todavía no tienen plumas ni pueden volar ni andar. Durante los primeros meses de vida, dependen totalmente de sus padres para sobrevivir.

Padre y madre cuidarán de ellos hasta que tengan 8 o 9 semanas. A esta edad, las pequeñas cigüeñas emprenden el primer vuelo. Los polluelos de cigüeña se consideran adultos a los 4 años de vida.

¡Observa!

Mira los polluelos de estas tres especies y di cuáles son los de la cigüeña.

a

b

c

EL LARGO VIAJE

18

Cuando llega el otoño y el frío, la cigüeña se prepara para emprender el largo viaje que se conoce con el nombre de **migración**. Su cuerpo necesita un clima más suave, y por eso se desplaza hasta el continente africano.

Pero no lo hará sola, sino que buscará compañeras de viaje. Los grupos de cigüeñas se detienen a comer aquí y allá, y por eso pueden tardar unos cuantos meses en llegar a su destino.

En primavera, la cigüeña volverá al mismo nido que había dejado.

¡Parece mentira!

Las cigüeñas no hacen el largo viaje solas. Se han llegado a ver bandadas de hasta 11.000 ejemplares.

MI PARENTELA

Hay unas 20 especies de cigüeñas repartidas por el mundo. Además de la **cigüeña común**, las más conocidas son el **marabú** (del género *Leptoptilus*) y el **tántalo** (*Mycteria*).

En Europa también podemos ver a la sorprendente **cigüeña negra** (*Ciconia nigra*), que cada año viene de los bosques de la tundra rusa a pasar el invierno en las estepas ibéricas.

Marabú.

Cigüeña negra.

Tántalo.

CIGÜEÑAS DEL MUNDO

Tántalo indio.

Picotenaza asiático.

Jabirú africano.

Picotenaza africano.

EN PELIGRO DE EXTINCIÓN

Cuando quedan pocos ejemplares de una especie en la naturaleza, se dice que dicha especie está en peligro de extinción. La cigüeña es una de ellas.

En nuestro país el número de aves de esta especie ha ido disminuyendo desde los años ochenta. Las principales causas son la contaminación y la sequía.

A pesar de que en Europa las cigüeñas están protegidas, en algunos países asiáticos, como Siria y el Líbano, suelen cazarlas durante su estancia invernal.

Preservar los ecosistemas, que son la principal fuente de alimento de las cigüeñas, es fundamental para la supervivencia de la especie.

Solucionario

p. 3: c) 30 años.

p. 5: c) El cuerpo de las cigüeñas está más caliente que el de las personas.

p. 9: a) La rana.

p. 11: a) En un glaciar.

p. 15: b) Los gorriones.

p. 17: b.